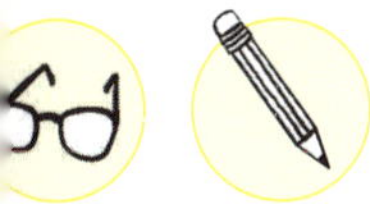

SCHREIB UND LIES.

DATUM: ____________________

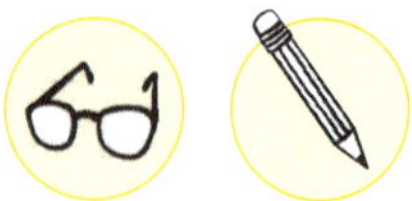

SCHREIB UND LIES.

DATUM: ____________________

SCHREIB UND LIES.

DATUM: ______________________

VERBINDE BILD UND WORT.

der HASE

das ZEBRA

die TOMATE

der ADLER

die ROSE

der UHU

der BIBER

VERBINDE BILD UND WORT.

der TIGER

die HEXE

der BAGGER

das KROKODIL

der ANKER

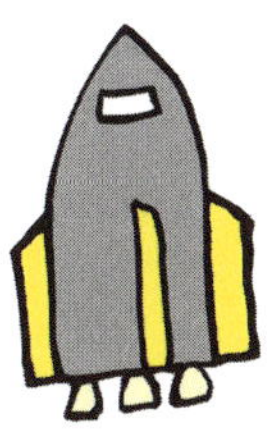

das BUCH

der ELEFANT

die RAKETE

DATUM: ________________

VERBINDE BILD UND WORT.

das GESPENST

die SONNE

der ROBOTER

der MOND

der HUND

die KATZE

die WOLKE

der DRACHE

die ZIEGE

der JUNGE

DATUM: ____________________

VERBINDE BILD UND WORT.

der DELFIN

der KRAN

die UHR

der RITTER

die LEITER

die SÄGE

das HUHN

der ESEL

der ASTRONAUT

die BURG

DATUM: ____________________

WELCHES BILD PASST?

die RAKETE

die NUDEL

die ANANAS

der PAPAGEI

das TELEFON

DATUM: ____________________

WELCHES BILD PASST?

das UFO

die ROSE

der WALD

der FUßBALL

der SATTEL

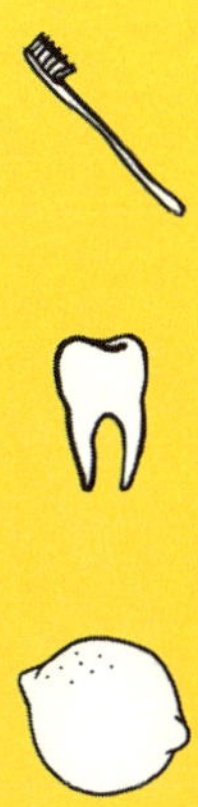

der ZAHN

DATUM: ____________________

WELCHES WORT PASST?

der TIGER

die TINTE

das TOR

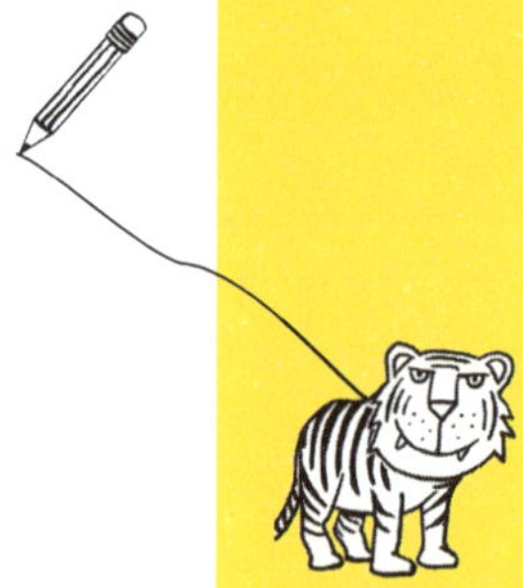

der LÖWE

das LAMA

die LAMPE

der APFEL

der AFFE

die AMPEL

das SCHAF

der SCHATZ

das SCHIFF

die KERZE

das KAMEL

der KELLER

WELCHES WORT PASST?

der FUCHS

der FISCH

der FROSCH

der KRAN

die KISTE

der KUCHEN

die SUPPE

die SONNE

der SOMMER

die NACHT

der NAGEL

die NASE

die WASCHMASCHINE

der WASCHBÄR

der WOHNWAGEN

DATUM: ____________________

MALE 9 BILDER.

die BLUME

die ENTE

der PILZ

das AUTO

die SONNE

DATUM: ____________________

der STERN

das HAUS

der MOND

der HAMMER

der BALL

der FISCH

Datum: ____________________

Was gehört zusammen?

Del	bel
En	fin
Nu	der
Fe	te
Ga	del

Stink	mel
Ta	we
Ka	pe
Lö	tier
Lu	xi

Tau	pe
Vo	chen
Ku	ze
Ker	gel
Lam	cher

Kä	fel
Sä	xe
Un	se
He	fall
Teu	ge

Datum: ____________________

Was gehört zusammen?

	Ti	pir
	Vul	ter
	Vam	kan
	Lei	nu
	Ka	ger

	Zir	chen
	Nas	wurf
	Maul	sel
	In	kus
	Mäd	horn

	Pan	be
	Wür	pe
	Wes	da
	Zun	fel
	Ra	ge

	Pa	fe
	Werk	del
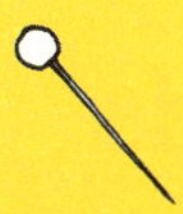	Na	ket
	Pfei	to
	Au	zeug

Datum: ____________________

Was gehört zusammen?

	Au	me
	Wol	stern
	Pi	ke
	Pal	rat
	See	ge

	Am	se
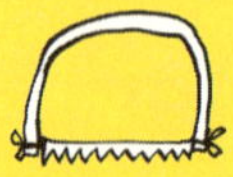	Sä	fel
	Ap	pel
	Bie	ge
	Do	ne

	So	ler
	An	rad
	Ad	de
	Drei	ker
	Er	fa

	Nas	nig
	Kö	horn
	Eis	ge
	Flie	ball
	Fuß	bär

Was gehört zusammen?

	Ein	do
	Gei	rad
	Hams	ge
	Ruck	ter
	Ju	sack

	Pflau	horn
	Po	bra
	Ze	ge
	Ein	ny
	Jun	me

	Ei	gel
	Fahr	tus
	Kak	net
	Spie	mer
	Pla	rad

	Flug	ten
	Gar	ber
	Bi	sche
	Du	ger
	Jä	zeug

Datum: ______________

Male 9 Bilder.

das **Eis**

der **Luftballon**

die **Maus**

der **Stift**

der **Fußball**

Datum: ____________________

die Kerze

der Kamm

die Hand

der Kaktus

das Seil

das Tor

Datum: ____________________

Was siehst du? Kreuze an.

- ○ die Giraffe
- ○ der Tier**pfleger**
- ○ das Kind
- ○ der Löwe
- ○ der Elefant
- ○ der Dino**saurier**
- ○ die Spinne
- ○ das Krokodil
- ○ der Eis**bär**
- ○ der Pinguin
- ○ der Eimer
- ○ der Fern**seher**
- ○ die Brille
- ○ die Banane

Welches Tier hat die meisten Beine?

Datum: ____________

Was siehst du? Kreuze an.

- ○ die Schatz**kiste**
- ○ das Skelett
- ○ der Kugel**fisch**
- ○ die Koralle
- ○ der Krebs
- ○ der Tinten**fisch**
- ○ die Muschel
- ○ das See**ungeheuer**
- ○ die Nixe
- ○ der Hai
- ○ der Auto**reifen**
- ○ das See**pferdchen**
- ○ der Stiefel
- ○ die Kerze

Was ist in der Schatz**kiste**?

____

Datum: ____________________

Was siehst du? Kreuze an.

- ○ der Schieds**richter**
- ○ die Mittel**linie**
- ○ der Trainer
- ○ der Fuß**ball**
- ○ das Tor
- ○ die Ersatz**bank**
- ○ das Drei**rad**
- ○ die Rote Karte
- ○ der Stürmer
- ○ der Tor**wart**
- ○ der Fisch
- ○ der Zuschauer
- ○ der Schal
- ○ die Pfeife

Was hat der Tor**wart** an?

Datum: ______________________

Was siehst du? Kreuze an.

- ○ der Tiger
- ○ die Seil**tänzerin**
- ○ der Clown
- ○ die Manege
- ○ das Buch
- ○ der Elefant
- ○ das Zelt
- ○ der Vorhang
- ○ der Schein**werfer**
- ○ der Akrobat
- ○ die Rakete
- ○ die Maus
- ○ der Zauberer
- ○ das Pferd

Welches Kunst**stück** kannst du?

____

Was siehst du? Kreuze an.

- ○ der Sattel
- ○ die Trense
- ○ das Huf**eisen**
- ○ das Heu
- ○ die Reiter**hose**
- ○ das Kamel
- ○ die Stiefel
- ○ das Zaum**zeug**
- ○ die Decke
- ○ der Huf**kratzer**
- ○ die Reit**kappe**
- ○ der Striegel
- ○ die Gummi**ente**
- ○ die Reit**gerte**

Was braucht man zur Pferde**pflege**?

Datum: ______________________

Was siehst du? Kreuze an.

- ◯ das Gespenst
- ◯ die Ritter**rüstung**
- ◯ die Fleder**maus**
- ◯ die Sonne
- ◯ das Gerippe
- ◯ die Eule
- ◯ der Papagei
- ◯ die Spinne
- ◯ die Mäuse
- ◯ der Kater
- ◯ die Turm**uhr**
- ◯ der Mond
- ◯ die Kerze
- ◯ das Spinnen**netz**

Wovor gruselst du dich?

Datum: ______________________

Verbinde die richtigen Teile.

Das Pferd	mag Käse.
Die Maus	hält den Ball.
Der Tor**wart**	frisst Heu.

Der Hai	fängt Mäuse.
Die Katze	leuchtet hell.
Der Mond	hat Flossen.

Der Drache	ist sauer.
Der Bär	spuckt Feuer.
Die Zitrone	mag Honig.

Der Pirat	gibt Milch.
Die Kuh	fährt langsam.
Das Auto	hat ein Holz**bein**.

Wenn du fertig bist,
kannst du mit einem grünen Stift
Quatsch-Sätze verbinden.

Verbinde die richtigen Teile.

Die Spinne	brummt laut.
Das Kind	fängt Fliegen.
Das Motor**rad**	isst Bonbons.

Das Flug**zeug**	ist lecker.
Die Pizza	fliegt weit.
Das Schwein	grunzt viel.

Der Hund	bringt Post.
Der Maul**wurf**	frisst Knochen.
Der Post**bote**	macht Haufen.

Der Kuchen	liest Bücher.
Das Krokodil	ist lecker.
Die Lehrerin	beißt dich.

Wenn du fertig bist,
kannst du mit einem grünen Stift
Quatsch-Sätze verbinden.

Datum: ______________

Male 13 Bilder.

Male einen roten Knopf.

Male eine Schatz**kiste**.

Male einen Zahn vom Elefanten.

Male einen kleinen Floh.

Male fünf Punkte.

Male Futter für einen Drachen.

Male drei gelbe Blumen.

Male vier Reifen.

Datum: ______________________

Male eine lange Schlange.

Male einen Apfel mit Wurm.

Male einen Schweine**schwanz**.

Male eine Tatze von einer Katze.

Male ein Fliegen**bein.**

Male eine Schnecke ohne Haus.

Male eine dicke Wolke.

Male ein Haus von einer Maus.

Verbinde Bild und Wort.

der Hai
der Wal
der Orka
der Seestern
der Esel
das Seepferdchen
der Fisch
das Stinktier

die Schnecke
der Taucher
die Katze
der Tintenfisch
der Delfin
die Schildkröte
die Qualle
der Wolf

Male alle Tiere an, die im Meer leben.

Verbinde Bild und Wort.

der Adler
die Biene
der Papagei
der Pinguin
das Pony
der Rabe
der Marien**käfer**
die Mücke

die Leder**maus**
die Wespe
die Schnecke
die Libelle
der Geier
der Storch
der Specht
das Känguru

Male alle Tiere an, die fliegen können.

Datum: ______________________

Kreuze an: **JA** oder **NEIN**?

Der Elefant ist groß.	X ja	O nein
Das Flug**zeug** hat Räder.	O ja	O nein
Kühe sind lila.	O ja	O nein
Der Tiger hat einen Schnabel.	O ja	O nein
Schokolade schmeckt salzig.	O ja	O nein
Alle Bäume haben Blätter.	O ja	O nein
Meine Hand hat fünf Finger.	O ja	O nein
Der Pilz hat einen Hut.	O ja	O nein
Die Spinne hat sechs Beine.	O ja	O nein
Der Ameisen**bär** frisst Ameisen.	O ja	O nein
Die Biene fängt Mäuse.	O ja	O nein
Der Elefant hat eine lange Nase.	O ja	O nein
Nudeln wachsen auf Bäumen.	O ja	O nein
Der Wal ist ein Fisch.	O ja	O nein
Der Affe kann gut klettern.	O ja	O nein

Unterstreiche mit einem roten Stift,
was du lustig findest.

Kreuze an: **JA** oder **NEIN**?

Ich kann gut klettern.	O ja	O nein
Ich kann fliegen.	O ja	O nein
Meine Augen sind blau.	O ja	O nein
Ich habe rote Socken.	O ja	O nein
Ich kann rückwärts laufen.	O ja	O nein
Ich habe einen Rüssel.	O ja	O nein
Meine Haare sind stachelig.	O ja	O nein
Ich trinke gerne Kakao.	O ja	O nein
Am liebsten esse ich Kröten**schleim**.	O ja	O nein
Ich habe einen Schnurr**bart.**	O ja	O nein
Ich kann Zauber**tricks**.	O ja	O nein
Meine Oma kann Motor**rad** fahren.	O ja	O nein
Ich kann pfeifen.	O ja	O nein
Mein Hamster kann Hand**stand**.	O ja	O nein
Ich kann lesen.	O ja	O nein

Unterstreiche mit einem roten Stift,
was du lustig findest.

Datum: ____________________

Verbinde Bild und Wort.

das See**pferdchen**	der Wasch**bär**
die Schnecke	die Ziege
die Spinne	die Qualle
der Regen**wurm**	der Fuchs
der Fisch	der Stier
die Heu**schrecke**	das Kaninchen
der Tiger	der Hai
der Jaguar	der Tinten**fisch**

Male alle Tiere an, die **keine** vier Beine haben.

Datum: ____________________

Verbinde Bild und Wort.

der Wal	das Eich**hörnchen**
der Storch	das Schaf
die Eule	der Salamander
das Känguru	der Regen**wurm**
das Zebra	das Nashorn
das Chamäleon	der Maul**wurf**
die Fliege	der Elefant
die Biene	der Leguan

Male alle Tiere an, die ein Fell haben.

Datum: ____________________

Lies und male.

Male dem Piraten ein rotes Kopf**tuch**.
Er hat eine Augen**klappe.**

Male dem König einen Bart.
Die Krone ist gelb
mit roten Edel**steinen**.

Male der Hexe eine Warze
auf die Nase.
Die Haare sind grün.

Das Mädchen streckt
die Zunge raus.
Male ihm viele Sommer**sprossen**

Lies und male.

uf dem Last**wagen**
ind sieben Kisten.

In der Pfanne
sind drei Spiegel**eier**.

m Baum hängen 15 Kirschen.

Der Hund hat neun Flöhe.

Lies und male.

Male dem Tiger Streifen.
Er hat scharfe Krallen.

Male dem Elefanten einen Rüssel
Eine Maus sitzt auf seinem Rücke

Male der Spinne acht Beine.
Im Netz sitzt eine Fliege.

Male dem Krokodil spitze Zähne.
Es liegt im Wasser.

Datum: ______________

Verzaubere die Tiere.

ᵉer Bär hat gelbe Enten**füße**.
r hat einen roten Schnabel.
/as fällt dir noch ein?

Der Regen**wurm**
trägt ein Schnecken**haus**.
Er hat fünf Räder.

as Kamel hat blaue Socken an.
s trägt einen bunten Hut.
/as fällt dir noch ein?

Der Hase hat überall grüne Punkte.
Er hat einen Tiger**schwanz**.
Was fällt dir noch ein?

Datum: ______________________

Lies und male.

Der Drache hat grüne Flügel.

Seine Augen sind rot.

Das Feuer ist rot und gelb.

Aus seiner Nase kommt schwarzer Rauch.

Mit wem kämpft der Drache?

Wie soll der Drache heißen?

____

Lies und male.

Eine Mannschaft trägt rote Hemden
und grüne Hosen.
Die andere Mannschaft
trägt gelbe Hemden und rote Hosen.
Der Ball fliegt ins Tor.

Welche Mannschaft gewinnt?

Datum: ______________________

Lies und male.

Die Katze hat grüne Augen.
Ihr Fell ist braunweiß gestreift.
Sie trägt eine rote Schleife.
Ein Kätzchen sieht aus wie die Mama.
Ein Kätzchen ist schwarz.
Die Pfötchen sind weiß.
Das dritte Kätzchen ist gefleckt.

Wie heißen die Kätzchen?

____

Lies und male.

Das Pferd ist gesattelt.
Es hat einen schwarzen Schweif.
Am Kopf hat es eine weiße Blesse.
Sein Fell ist braun.
Das Zaum**zeug** ist rot.
Das Mädchen gibt ihm eine Möhre.

Was frisst das Pferd am liebsten?

Datum: ______________________

Löse die Rätsel.

Ich bin ein Säuge**tier**.
Ich habe vier Pfoten.
Mein Fell ist weiß.
Ich kann schwimmen.
Ich fresse Fische und Robben.
Gemüse mag ich nicht.

Ich bin ein

______________________.

Ich bin ein Reptil.
Ich lebe am Wasser.
Meine Haut ist hart.
Ich lege Eier in den Sand.
Die Sonne brütet sie aus.
Ich habe ein großes Maul
und scharfe Zähne.
Ich könnte dich fressen.

Ich bin ein

______________________.

Ich kann fliegen.
Meine Flügel haben keine Federn.
Ich habe keinen Schnabel.
Insekten fresse ich gern.
Ich jage in der Nacht.
Am Tag schlafe ich mit dem Kopf
nach unten.
Ich bin kein Vampir.

Ich bin ein

______________________.

Ich fresse gerne Salat.
Ich habe keine Beine.
Ich bewege mich langsam.
Ich mache eine Schleim**spur**.
Mein Haus ist immer
in meiner Nähe.

Ich bin ein

______________________.

Datum: ____________

Löse die Rätsel.

Ich bin das größte Säuge**tier**
der Welt.
Mein Schwanz ist
eine mächtige Flosse.
Ich lebe im Meer.
Aber ich bin kein Fisch.
Meine Kinder heißen Kälber.
Ich kann mit Wasser spritzen.
Ich habe ein großes Maul.
Ich bin ein

____________________.

Mein Name wird manchmal
als Schimpf**wort** benutzt.
Ich bin
ein besonders kluges Tier.
Ich habe ein kleines
Schwänzchen.
Ich bin ein Haus**tier**.
Manche Menschen
essen gern mein Fleisch.
Ich bin ein

____________________.

Ich kann nicht schwimmen.
Mein Fell ist braun.
Ich habe kurze Arme
und kräftige Beine.
Ich kann sehr gut springen.
Mein Kind sitzt
in meinem Beutel.
Ich lebe in Australien.

Ich bin ein

____________________.

Ich bin ein großer Vogel.
Ich kann sehr schnell rennen.
Fliegen kann ich nicht.
Ich habe einen langen Hals.
Er hat keine Federn.
Meine Eier sind die größten
der Welt.
Mein Name reimt sich
auf MAUS.
Ich bin ein

____________________.

Datum: ____________________

Erzähle weiter.

Die Maus hat Hunger.
Oben auf dem Schrank liegt ein Stück Käse.
Sie kann es bis in ihr Mause**loch** riechen.
Aber vor dem Schrank liegt die Katze.
Sie sieht auch hungrig aus.
Da hört die Maus, wie sich knarrend die Tür zur Küche öffnet…

Datum: ____________________

Erzähle weiter.

Es war einmal ein kleiner Zauberer.
Er wohnte allein und langweilte sich oft.
Deshalb ärgerte er die Tiere.
Der Giraffe zauberte er einen kurzen Hals.
Nun konnte sie keine Blätter mehr von den Bäumen fressen.
Die Maus zauberte er ganz groß.
Nun passte sie nicht mehr in ihr Loch.
Viele andere Tiere waren auch schon verzaubert.
Eines Tages wurde es den Tieren zu viel.
Sie wollten sich nicht länger ärgern lassen.
Zusammen überlegten sie lange, was sie tun könnten.
Da hatte der Dachs eine Idee …

Datum: ____________

Ein Buch, das ich mag

So heißt das Buch (Titel):

Es wurde geschrieben von (Autor):

Das gefällt mir im Buch besonders gut:

Dieser Satz ist besonders wichtig/schön/spannend …: